어린이 중국어 해결사

일상
생활

다락원

저자 소개

김민영교수님은 중국 국가장학생으로 선발되어 중국에서 중국어국제교육을 전공하였고, 어린이 중국어 교육으로 석·박사학위를 취득하였습니다. 현재는 부산외국어대학교에서 중국어를 가르치고 있고, 어린이 중국어를 지도하고 계시는 선생님들과 함께 중국어 교수법을 연구하고 있습니다.

현) 부산외국어대학교 글로벌융합교육원 연구교수

감수 　**이명란**

현) 인천박문초등학교 중국어, 한문 담당교사
　　 연경이공대학교 한국어학당 주임
　　 대련 외국어 대학교 한국어학과 원어민 교수
　　 인천박문여자고등학교 한문 교사

〈저서 및 연구 활동〉

- 비즈니스 한국어 회화(북경 세계도서 출판사)
- 정석 실무 한국어(대련 이공대학교 출판사)
- 한국어 듣기 교재 중급 – 상권(대련 이공대학교 출판사)
- 한국어 듣기 교재 중급 – 하권(대련 이공대학교 출판사)
- 중, 한 대학생 기질 연구 비교(박사)
- 한국 유아 성격 발달 연구(석사)
- 중, 한 유아 성격 발달 비교 연구
- 재중 한국 유학생 유학 동기 및 적응사례 연구

어린이 중국어 해결사 – 일상생활

지은이 김민영
펴낸이 정규도
펴낸곳 (주)다락원

초판 1쇄 인쇄 2021년 2월 1일
초판 1쇄 발행 2021년 2월 10일

총괄편집 이후춘
책임편집 윤성미, 권민서

디자인 정현석, 윤미정
중국어 녹음 조홍매, 박용군
일러스트 리은(waterdrink_@naver.com)

다락원 경기도 파주시 문발로 211
내용 및 구입문의: (02)736-2031 (내선 294/250~252)
Fax: (02)732-2037
출판등록 1977년 9월 16일 제406-2008-000007호

정가 16,500원

ISBN 978-89-277-7116-6 13720

이 책의 차례

머리말

중국어 학습을 처음 시작하는 어린이를 둔 학부모님들이 제게 가장 먼저 물어오는 말은 "중국어는 어렵지 않나요?"입니다.

익숙하지 않은 외국어를 학습하는데 있어서 그 언어가 '쉽다? 어렵다?'라고 단정지어 말할 수는 없습니다. 중국인 학생들에게 한국어를 교육했던 경험으로 미루어보아 한국어도 참 어려운 언어이기 때문입니다. 따라서 우리 어린이들이 처음 접하게 되는 중국어는 당연히 낯설 수 밖에 없습니다.

이와 같이 대다수의 학부모님들이나 학생들이 중국어를 어렵게 느끼는 이유는 한국어와 달리 성조체계가 있는 발음과 한자때문일 것입니다. 이 두가지 고민을 한 번에 해결하려 하기 보다는 시간을 두고 순차적으로 접근하는 방법은 어떨까요?

『**어린이 중국어 해결사 – 발음**』은 소리(발음)익히기. 『**어린이 중국어 해결사 – 하루일과**』는 기본적인 생활표현과 중국어 간체자 노출에 중점을 두었다면 이번 『**어린이 중국어 해결사 – 일상생활**』에서는 일상생활 표현 및 어휘 확장에 중점을 두었습니다.

이제, 여러분과 함께 『**어린이 중국어 해결사 – 일상생활**』교재의 특징을 살펴볼까요?

하나. 실용적인 표현만 담았어요!

어린이 중국어 교재에서 공통적으로 소개하고 있는 표현 중 사용빈도가 높은 표현을 중심으로 일상생활에 필요한 실용적인 회화표현과 단어를 선별하여 구성했어요.
문법 설명은 최소화하고 반복적인 연습을 통해 자연스럽게 습득할 수 있도록 구성했습니다.

둘. 한자에 대한 두려움을 없앨 수 있도록 구성했어요!

매 과의 시작 페이지를 주목하세요! 매 과에서 배우게 될 중요 표현을 구성하고 있는 한자(간체자)를 그림 속에 숨겨 놓았어요. 알쏭달쏭 '숨은 한자 찾기'를 통해 한자에 자연스럽게 노출될 수 있도록 했고, 집중력도 높일 수 있게 구성했어요! 그리고 매 과마다 '한자 익히기'에서 그림과 스토리텔링을 통해 재미있게 학습할 수 있도록 구성했답니다.

셋. 나의 일상생활을 보는 듯한 내용으로 흥미와 재미를 더했어요!

어린이들이 일상생활에서 자주 접하게 되는 상황들을 여덟 개 에피소드로 선정했어요. 어린이들이 가장 많이 말하고 듣게 될 표현과 단어들을 중심으로 내용을 구성했답니다. 특히 8과에서 제시되는 장래 희망은 '초등학생이 되고 싶은 장래 희망 TOP10' 직업군을 반영했어요.

넷. 주도적인 학습을 통해 성취감을 높일 수 있도록 했어요!

부록에 있는 병음카드와 한자카드를 활용한 게임은 중국어 발음 뿐 아니라 문자까지 익히는데 특화되어 있어요. 단순하면서도 반복적인 게임을 통해 귀로는 발음을, 눈으로는 한자를 익히며 자연스럽게 '놀이'가 '학습'이 될 수 있도록 구성했답니다.

끝으로 『**어린이 중국어 해결사**』 시리즈를 통해서 중국어를 재미있게 공부하고, 중국어에 자신감이 생기면서 "중국어 어렵지 않아요! 정말 재미있어요!"라고 말하는 어린이가 하나 둘씩 늘어나기를 바랍니다.

저자 **김민영**

알쏭달쏭 숨은한자찾기로 한자와 친해져요!

그림 속에 숨어있는 한자를 찾아보면서 무엇을 배울지 미리 생각해요. 한자에 대한 거부감도 없애고, 집중력도 높여요.

그림을 보며 이야기를 만들어요!

그림 속 주인공들이 어떤 이야기를 가지고 있는지 자유롭게 이야기하며, 스토리텔링 학습을 통해 기대감과 흥미를 높여요.

일상 생활에서 자주 사용하는 표현을 익혀요!

그림을 보고 상황을 떠올린 뒤, 한어병음을 보고 자연스럽게 의사소통 연습을 해요.
간체자로 쓰인 문장을 보고 읽기도 연습해요.

단어를 바꿔가며 다양한 문장을 만들어요!

본문에서 공통적으로 쓰였던 문장에 다양한 단어를 바꿔 연습하면 문장을 완벽하게 익힐 수 있어요.

여러 가지 단어를 익혀요!

본문 주제와 관련하여 다양한 단어를 더 익힐 수 있어요. 이 단어를 활용해서 다양한 문장도 만들 수 있어요.

한자를 재미있게 익혀요!

그림과 이야기를 통해 한자가 만들어진 유래와 뜻을 이해하고, 따라 쓰면서 한자를 익혀요.

재미있는 만화로 복습해요!

앞서 배운 표현을 만화로 보며 다시 한번 복습해요. 비어있는 말풍선에 알맞은 문장 스티커를 붙여 대화를 완성해요.

쿵짝쿵짝 챈트를 따라 불러요!

신나는 반주에 맞춰 챈트를 따라 부르면 중국어가 기억에 오래 남아요.

낱말 카드로 재미있게 놀아요!

병음카드와 한자카드를 가지고 놀 수 있는 여러 가지 놀이법을 소개해요. 친구, 선생님과 다 같이 신나게 놀면서 중국어를 익혀요.

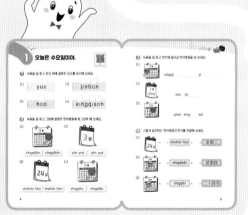

혼자서도 척척! 자신 있게 공부해요!

수업에서 배운 내용을 다시 한번 익혀요. 발음을 듣고 큰 소리로 읽으며, 천천히 따라 써 보세요. 어느새 중국어 실력이 쑥쑥!!

※ 정답은 홈페이지를 참조하세요.

원어민의 녹음을 따라 큰 소리로 말해요!

QR코드를 스캔하면 원어민 음성파일을 들을 수 있어요.
정확한 발음을 듣고 큰 소리로 읽어 보세요.

M01_00

bàba

māma

dìdi

안녕하세요! 만나서 반가워요.
내 이름은 다락이에요.
우리 가족은 네 명, 아니 다섯 명이에요.
아빠, 엄마, 남동생 그리고
팡팡이와 함께 살고 있어요.

팡팡이 때문에 중국을 좋아하게 되었고,
방과후수업으로 중국어를 배우고 있어요.
호기심이 많지만, 그만큼 겁도 많은 것은 비밀!
우리 반 친구들을 소개할게요.
우리와 함께 중국어를 배워 볼까요?

중국에서 온 말하는
신기한 판다, 팡팡이에요.
다락이와 가장 친한 친구이고
호기심이 아주 많아요!

같은 반 친구 민건이에요.
밝고 씩씩한 개구쟁이에요.

같은 반 친구 소을이에요.
차분하고 조용한 성격에,
친구들을 잘 배려해요!

새로 전학 온 친구 미송이에요.
활발하고 명랑한 성격이라
친구들과 빨리 친해져요!

1 오늘은 수요일이야.

다락이와 친구들이 달력을 보고 있네요.
오늘은 무슨 요일일까요?
그림 속에 숨어 있는 한자를 찾아 "今天星期三。" 문장을 완성해 보세요.

M01_01

M01_02

💡 오늘은 몇 월 며칠일까요? 녹음을 잘 듣고 따라 말해 보세요.

 今天几月几号?
Jīntiān jǐ yuè jǐ hào?

 三月二十四号。
Sān yuè èrshísì hào.

단어		
今天 jīntiān 오늘	几 jǐ 몇?	月 yuè 월
号 hào 일(날짜)	三 sān 3(삼), 셋	二十四 èrshísì 24(이십사)

M01_03

오늘은 무슨 요일일까요? 녹음을 잘 듣고 따라 말해 보세요.

今天星期几?
Jīntiān xīngqī jǐ?

今天星期三。
Jīntiān xīngqīsān.

 今天星期几?
Jīntiān xīngqī jǐ?

 今天星期三。
Jīntiān xīngqīsān.

 단어 　星期 xīngqī 요일　　　星期三 xīngqīsān 수요일

바꿔 말하기

💡 다음 빈칸에 낱말 퍼즐을 바꿔 넣어서 연습해 보세요.

今天 ❓ 。

01

星期一
xīngqīyī
월요일

星期二
xīngqī'èr
화요일

星期三
xīngqīsān
수요일

星期五
xīngqīwǔ
금요일

星期天
xīngqītiān
일요일

星期四
xīngqīsì
목요일

星期六
xīngqīliù
토요일

'일요일'은 星期日(xīngqīrì)라고도 한답니다!

재미있는 이야기와 그림으로 한자의 뜻을 알아보고, 또박또박 바르게 써 보세요.

별 성
xīng

'별'이라는 뜻을 가지고 있는 한자를 자세히 보면 '날 생(生)' 한자 위에 '해 일(日)'이라는 한자가 있어요. 해가 지면 밤이 되고, 밤이 되어야 별을 볼 수 있겠죠?

중국어에서 요일은 '별'이라는 뜻을 가진 '星'과 '기간'을 의미하는 '期'를 합쳐 '星期[xīngqī]'라고 해요. 해가 떴다가 지고, 별을 보는 밤이 지나야 하루가 되는 것처럼 말이죠.

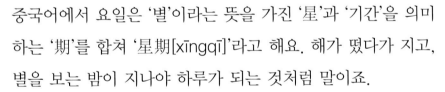

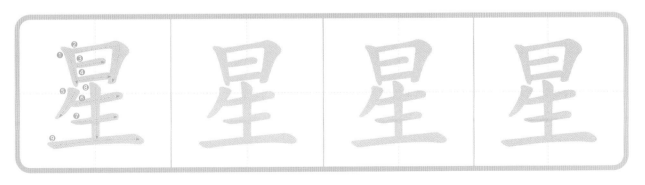

2 내일 날씨 어때?

다락이가 일기예보를 보고 있네요. 내일 날씨는 어떨까요?
그림 속에 숨어 있는 한자를 찾아 "明天天气怎么样?"
문장을 완성해 보세요.

M02_01

M02_02

💡 내일 날씨는 어떨까요? 녹음을 잘 듣고 따라 말해 보세요.

Míngtiān tiānqì zěnmeyàng?

Míngtiān xiàyǔ.

 明天天气怎么样？
Míngtiān tiānqì zěnmeyàng?

 明天下雨。
Míngtiān xiàyǔ.

 단어

明天 míngtiān 내일

怎么样 zěnmeyàng 어때?

天气 tiānqì 날씨

下雨 xiàyǔ 비오다

💡 친구들과 약속이 있는 주말 날씨는 어떨까요?
녹음을 잘 듣고 따라 말해 보세요.

 周末天气怎么样?
Zhōumò tiānqì zěnmeyàng?

 天气很好!
Tiānqì hěn hǎo!

 단어

周末 zhōumò 주말   很 hěn 매우, 정말
好 hǎo 좋다

M02_04

다음 빈칸에 낱말 퍼즐을 바꿔 넣어서 연습해 보세요.

明天　　？　。

阴天
yīntiān
흐림

多云
duō yún
구름 많음

晴天
qíngtiān
맑음

刮风
guāfēng
바람이 불다

下雨
xiàyǔ
비 내리다

下雪
xiàxuě
눈 내리다

M02_05

💡 재미있는 이야기와 그림으로 한자의 뜻을 알아보고, 또박또박 바르게 써 보세요.

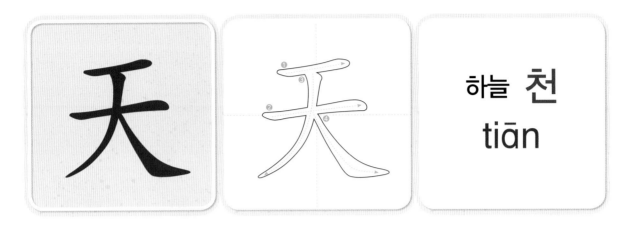

하늘 천
tiān

'하늘'이라는 뜻을 가지고 있는 한자를 자세히 보면 사람이 양팔을 벌리고 서 있는 것 같지 않나요? '天'은 사람의 머리 위에 하늘이 있다는 뜻을 표현한 한자예요. '하늘'이라는 뜻 말고도 '하늘처럼 높은 꼭대기'라는 뜻도 있어요. 그리고 '하늘의 기운'을 나타내는 '날씨', 해가 지고 달이 뜨면 하루가 지나는 것처럼 오늘[今天], 내일[明天] 등의 '날'을 의미하기도 한답니다.

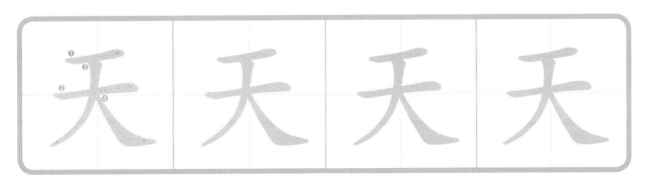

이것은 칫솔이야.

다락이 집에 친구들이 놀러 왔어요.
친구들은 무슨 이야기를 하고 있을까요?
그림 속에 숨어 있는 한자를 찾아 "这是牙刷." 문장을 완성해 보세요.

M03_01

M03_02

이것은 무엇일까요? 녹음을 잘 듣고 따라 말해 보세요.

Zhè shì shénme?

Zhè shì yáshuā.

 这是什么?
Zhè shì shénme?

 这是牙刷。
Zhè shì yáshuā.

 단어

这 zhè 이것
什么 shénme 무엇, 무슨?

是 shì ~이다
牙刷 yáshuā 칫솔

M03_03

💡 저것은 무엇일까요? 녹음을 잘 듣고 따라 말해 보세요.

Nà shì shénme?

Nà shì wàzi.

 那是什么？
Nà shì shénme?

 那是袜子。
Nà shì wàzi.

 단어   那 nà 그것, 저것   袜子 wàzi 양말

M03_04

💡 다음 빈칸에 낱말 퍼즐을 바꿔 넣어서 연습해 보세요.

这是 ⌇ ？ 。   那是 ⌇ ？ 。

袜子
wàzi
양말

牙刷
yáshuā
칫솔

手机
shǒujī
휴대전화

笔记本
bǐjìběn
공책

手表
shǒubiǎo
손목시계

眼镜
yǎnjìng
안경

💡 재미있는 이야기와 그림으로 한자의 뜻을 알아보고, 또박또박 바르게 써 보세요.

옳을 시
shì

'옳다'라는 뜻을 가지고 있는 한자 '是'를 보면 '바를 정(正)' 한자 위에 '해 일(日)'이라는 한자가 있어요. 아침이 되면 해가 뜨고, 저녁이 되면 해가 지죠? 그래서 '是'라는 한자는 해가 일정한 주기로 뜨고 진다는 의미에서 '올바르다', '바르다'라는 뜻을 가지게 되었다고 해요.

지금 몇 시야?

아침이 밝았어요. 다락이는 몇 시에 일어날까요?
그림 속에 숨어 있는 한자를 찾아 "现在几点?"
문장을 완성해 보세요.

M04_01

M04_02

💡 시간을 알고 싶을 때 어떻게 물어볼까요?
녹음을 잘 듣고 따라 말해 보세요.

妈妈，现在几点？
Māma, xiànzài jǐ diǎn?

七点十分。
Qī diǎn shí fēn.

 단어

妈妈 māma 엄마
七 qī 7(칠), 일곱

现在 xiànzài 지금, 현재
十 shí 10(십), 열

点 diǎn 시
分 fēn 분

M04_03

시간을 알고 싶을 때 어떻게 물어볼까요?
녹음을 잘 듣고 따라 말해 보세요.

현재 几点?
Xiànzài jǐ diǎn?

三点半。
Sān diǎn bàn.

 现在几点?
Xiànzài jǐ diǎn?

 三点半。
Sān diǎn bàn.

 单어　半 bàn 절반, 30분

M04_04

💡 다음 빈칸에 낱말 퍼즐을 바꿔 넣어서 연습해 보세요.

现在 ?。

三点半
sān diǎn bàn
3시 30분

七点十分
qī diǎn shí fēn
7시 10분

两点
liǎng diǎn
2시

十点
shí diǎn
10시

六点四十分
liù diǎn sìshí fēn
6시 40분

九点
jiǔ diǎn
9시

시간 표현에서 '2시'는 二(èr)이 아닌
两(liǎng)을 써서 '两点'으로 말해요.

M04_05

💡 재미있는 이야기와 그림으로 한자의 뜻을 알아보고, 또박또박 바르게 써 보세요.

나눌 분
fēn

'나누다'라는 한자를 보면 '여덟 팔(八)'과 '칼 도(刀)'로 이루어져 있어요. '八'이라는 한자는 사물이 반으로 갈라진 모습을 나타낸다고 하는데요. 여기에 '칼 도(刀)'까지 있으니 정확하게 반으로 나눈다는 의미가 되겠네요. '分'이라는 한자는 '나누다', '베풀다'라는 뜻도 있고, 시간 단위인 '분'을 의미하기도 한답니다.

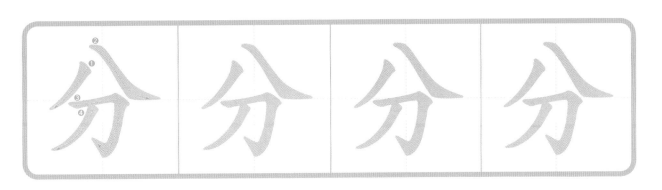

녹음을 잘 듣고 빈 말풍선에 들어갈 알맞은 스티커를 찾아서 붙여 보세요.

O01_01

1 우리 친구들이 달력을 보고 있어요. 날짜와 요일을 묻는 표현을 알아볼까요?

💡 달력 속 요일 표현을 알아볼까요?
신나는 반주에 맞춰 챈트를 따라 불러 보세요.

달력 속 요일을 중국어로 말해 봐요!

✌️, ✌️, ✌️, ✌️, ✌️, ✌️ !

일주일의 첫번째 Monday 월요일은 xīngqīyī × 3

일주일의 두번째 Tuesday 화요일은 xīngqī'èr × 3

일주일의 세번째 Wednesday 수요일은 xīngqīsān × 3

달력 속 요일을 중국어로 말해 봐요!

✌️, ✌️, ✌️, ✌️, ✌️, ✌️ !

일주일의 네번째 Thursday 목요일은 xīngqīsì × 3

일주일의 다섯번째 Friday 금요일은 xīngqīwǔ × 3

룰루랄라 신나는 주말 토요일과 일요일은
xīngqīliù × 2, xīngqītiān × 2

2 우리 친구들이 일기예보를 보고 있어요.
날씨를 묻는 표현을 알아볼까요?

36

💡 일기예보 속 다양한 날씨 표현을 알아볼까요?
신나는 반주에 맞춰 챈트를 따라 불러 보세요.

일기예보 속 날씨를 중국어로 말해 봐요!

✌, ✌, ✌, ✌, ✌, ✌ !

해님이 방긋 웃는 맑은 날씨는 qíngtiān × 5

해님이 꼭꼭 숨은 흐린 날씨는 yīntiān × 5

뭉개 뭉개 구름이 잔뜩 낀 날씨는 duōyún × 5

일기예보 속 날씨를 중국어로 말해 봐요!

✌, ✌, ✌, ✌, ✌, ✌ !

빗방울이 뚝뚝뚝뚝 떨어지는 날씨는 xiàyǔ × 5

하얀 눈이 펑펑펑펑 쏟아지는 날씨는 xiàxuě × 5

바람이 씽씽쌩쌩 불어 오는 날씨는 guāfēng × 5

3 다락이 방에 물건들이 어지럽게 널려있어요.
어떤 물건들이 놓여 있는지 알아볼까요?

001_06

💡 다락이 방에 있는 여러 가지 물건들을 찾아볼까요?
신나는 반주에 맞춰 챈트를 따라 불러 보세요.

여러 가지 물건들을 중국어로 말해 봐요!

✌, ✌, ✌, ✌, 🖖, 🖖 !

치카치카 양치하는 팡팡이의 칫솔은 yáshuā × 5

알록달록 귀여운 다락이의 양말은 wàzi × 5

따르르릉 전화하는 민건이의 휴대전화 shǒujī × 5

여러 가지 물건들을 중국어로 말해 봐요!

✌, ✌, ✌, ✌, 🖖, 🖖 !

째깍째깍 돌아가는 소을이의 손목시계 shǒubiǎo × 5

흐린글씨 잘 보이는 선생님의 안경은 yǎnjìng × 5

하나, 둘, 셋 숙제하는 미송이의 공책은 bǐjìběn × 3

4 우리들은 하루 일과를 시간에 따라 계획해요.
시간을 묻고 답하는 표현을 알아볼까요?

七点十分。

现在几点?

001_08

우리 친구들의 하루 일과를 시간에 따라 알아볼까요?
신나는 반주에 맞춰 챈트를 따라 불러 보세요.

하루 일과를 중국어로 말해 봐요!

✊, ✌, ✊, ✌, 🖖, ✋ !

미송이가 일어나는 기상 시간은 qī diǎn × 5

민건이가 학교 가는 등교 시간은 bā diǎn × 5

뽀포모포 신나는 중국어 수업 시간은 sān diǎn × 5

하루 일과를 중국어로 말해 봐요!

✊, ✌, ✊, ✌, 🖖, ✋ !

다락이가 집에 가는 하교 시간은 wǔ diǎn × 5

팡팡이가 밥을 먹는 저녁 시간은 liù diǎn × 5

드르렁 쿨쿨 꿈나라로 잠자는 시간은 shí diǎn × 5

❶ '있어? 없어?' 게임

중국어 단어의 뜻과 소리는 물론, 카드 종류에 따라 병음이나 한자 모양을 익힐 수 있는 게임입니다. 2명이 짝을 이뤄 함께할 수 있으며, 병음카드만 사용할 경우 서로의 병음카드 두 세트를 가지고 진행해야 합니다. 처음에는 병음카드로 진행하고 병음이 익숙해지면 병음카드와 한자카드를 함께 사용하거나, 한자카드만 사용하여 난이도를 조절할 수 있습니다.

게임방법

❶ 각각 5~10장의 카드를 나누어 가지고, 남은 카드는 보이지 않도록 뒤집어 가운데 둔다. 이때 카드는 서로가 볼 수 없도록 손에 들고 있는다.

❷ 내가 가지고 있는 카드 중 하나를 상대에게 있는지 묻고, 상대가 가지고 있다면 나의 카드와 상대의 카드를 모두 내 자리 앞에 내려 놓는다.

❸ 만약 상대에게 내가 물어본 카드가 없다면 카드 더미에서 한 장을 가져와야 한다.

❹ 반복하여 게임한다. 내 손에 카드가 없으면 승리!

(또는 일정 시간이 지난 뒤 카드를 많이 모은 사람이 승리!)

＊ 카드 더미에서 가져온 카드와 내가 가지고 있던 카드가 동일하다면 카드 2장을 내 자리 앞에 내려 놓는다.

카드 뒤집기 게임

이 게임은 중국어 단어를 정확하게 읽을 수 있도록 연습할 수 있을 뿐 아니라, 한자 모양도 익힐 수 있는 게임입니다. 또 카드의 내용과 위치를 기억하고 있으면서 같은 카드를 찾아야 하므로 기억력과 순발력을 높여줍니다.

둘 혹은 여럿이 순서를 정해 진행할 수 있습니다. 처음에는 적은 수량의 카드로 진행하다가 익숙해지면 수량을 늘려가며 재미를 높일 수 있습니다.

게임방법

❶ 각 20장의 카드(동일한 단어카드로 병음카드 10장, 한자카드 10장)를 잘 섞어서 내용이 보이지 않도록 윗줄 10장, 아랫줄 10장으로 놓는다.

❷ 카드는 한 번에 두 장만 뒤집는다.

❸ 뒤집은 카드를 보면서 중국어로 큰 소리로 읽고, 같은 단어가 아니라면 다시 뒤집어 놓는다.

❹ 잘 기억하고 있다가 같은 단어 카드의 위치를 기억하고 뒤집는다.

❺ 같은 단어 카드가 나오면 카드 두 장을 가져간다.

❻ 돌아가면서 반복하여 게임한다.

❼ 카드를 많이 모은 사람이 승리!

나는 머리가 아파.

쉬는 시간이 되었어요. 그런데 우리 친구들의 표정이 좋지 않네요. 무슨 일이 있는 걸까요?
그림 속에 숨어 있는 한자를 찾아 "我头很疼。" 문장을 완성해 보세요.

P05_01

P05_02

💡 민건이에게 무슨 일이 생겼을까요? 녹음을 잘 듣고 따라 말해 보세요.

Nǐ zěnme le?

Wǒ tóu hěn téng.

 你怎么了？
Nǐ zěnme le?

 我头很疼。
Wǒ tóu hěn téng.

你 nǐ 너

我 wǒ 나

怎么了 zěnme le 왜 그래?, 무슨 일이야?

头 tóu 머리

疼 téng 아프다

P05_03

💡 팡팡이에게 무슨 일이 생겼을까요? 녹음을 잘 듣고 따라 말해 보세요.

Nǐ zěnme le?

Wǒ dùzi hěn téng.

 你怎么了?
Nǐ zěnme le?

 我肚子很疼。
Wǒ dùzi hěn téng.

 단어   肚子 dùzi 배

 듣고 **말하기** **3**

P05_04

💡 다락이에게 무슨 일이 생겼을까요? 녹음을 잘 듣고 따라 말해 보세요.

Nǐ zěnme le?

Wǒ yá hěn téng.

 你怎么了?
Nǐ zěnme le?

 我牙很疼。
Wǒ yá hěn téng.

 단어   牙 yá 이

48

바꿔 말하기

P05_05

💡 다음 빈칸에 낱말 퍼즐을 바꿔 넣어서 연습해 보세요.

我 ? 很 疼。

头
tóu
머리

肚子
dùzi
배

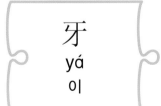

牙
yá
이

P05_06

💡 머리부터 발까지 신체 부위를 알아볼까요? 다음 단어를 따라 읽어 보세요.

眼睛
yǎnjing
눈

鼻子
bízi
코

耳朵
ěrduo
귀

嘴
zuǐ
입

肩膀
jiānbǎng
어깨

手
shǒu
손

屁股
pìgu
엉덩이

膝盖
xīgài
무릎

腿
tuǐ
다리

脚
jiǎo
발

P05_07

💡 재미있는 이야기와 그림으로 한자의 뜻을 알아보고, 또박또박 바르게 써 보세요.

아플 동
téng

'疼'은 '아프다'라는 뜻을 가지고 있어요. 부수는 '병질엄(疒)'인데, 이것은 '병들다, 앓다'라는 뜻을 가지고 있어요. 그리고 그 아래 '겨울동(冬)' 한자가 있어요. 우리 친구들은 추운 겨울 감기에 걸리면 침대에 누워서 쉬게 되죠? 그러니 '疼'이라는 한자는 감기에 걸려서 침대에 누워 오들오들 떨고 있는 모습을 생각하면 된답니다.

6 너는 줄넘기를 할 수 있니?

다락이와 친구들이 놀이터에 모여 있네요.
우리 친구들은 놀이터에서 무엇을 하며 놀까요?
그림 속에 숨어 있는 한자를 찾아 "你会跳绳吗?" 문장을 완성해 보세요.

P06_01

P06_02

소을이는 줄넘기를 할 수 있을까요? 녹음을 잘 듣고 따라 말해 보세요.

Nǐ huì tiàoshéng ma?

Wǒ huì.

 你会跳绳吗?
Nǐ huì tiàoshéng ma?

 我会。
Wǒ huì.

 단어   会 huì 할 수 있다   跳绳 tiàoshéng 줄넘기하다

P06_03

💡 팡팡이는 수영을 할 수 있을까요? 녹음을 잘 듣고 따라 말해 보세요.

> Nǐ huì yóuyǒng ma?

> Wǒ bú huì.

 你会游泳吗?
Nǐ huì yóuyǒng ma?

 我不会。
Wǒ bú huì.

 단어   游泳 yóuyǒng 수영하다   不会 bú huì 할 수 없다(못 하다)

P06_04

민건이는 자전거를 탈 수 있을까요? 녹음을 잘 듣고 따라 말해 보세요.

你会骑自行车吗?
Nǐ huì qí zìxíngchē ma?

我不太会。
Wǒ bú tài huì.

 단어　骑 qí (자전거 등을) 타다　　自行车 zìxíngchē 자전거
不太会 bú tài huì 잘하지 못하다

바꿔 말하기

💡 다음 빈칸에 낱말 퍼즐을 바꿔 넣어서 연습해 보세요.

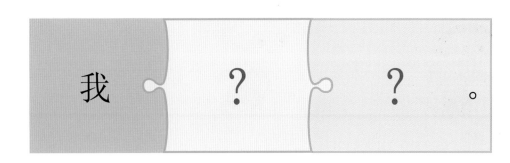

我 ? ? 。

会
huì
~할 수 있다

不会
bú huì
~할 수 없다

不太会
bú tài huì
잘하지 못하다

跳绳
tiàoshéng
줄넘기하다

游泳
yóuyǒng
수영하다

骑自行车
qí zìxíngchē
자전거를 타다

P06_06

우리 친구들의 취미는 무엇인가요? 다음 단어를 따라 읽어 보세요.

滑雪
huáxuě
스키 타다

滑冰
huábīng
스케이트 타다

踢足球
tī zúqiú
축구하다

打棒球
dǎ bàngqiú
야구하다

打羽毛球
dǎ yǔmáoqiú
배드민턴 치다

打篮球
dǎ lánqiú
농구하다

打乒乓球
dǎ pīngpāngqiú
탁구 치다

打网球
dǎ wǎngqiú
테니스 치다

재미있는 이야기와 그림으로 한자의 뜻을 알아보고, 또박또박 바르게 써 보세요.

모일 회
huì

'會'는 '모이다', '만나다'라는 뜻을 가지고 있어요. 한자를 잘 보면 냄비 안에 음식이 가득 있는 모양이에요. 밥을 먹을 때 가족, 친구들이 다 함께 모여서 먹으면 더 맛있겠죠? '會'는 '모이다'라는 뜻 말고도 '할 수 있다'라는 의미도 가지고 있어요. 사람들이 함께 모여서 일을 하면 어떤 어려운 일이라도 해결할 수 있겠죠? 한자와 중국어를 비교해 보면 모양이 조금 달라요. 중국어는 복잡한 한자를 간단하게 쓸 수 있도록 '간체자'를 써요. 중국어 '会[huì]'를 사용해서 '~할 수 있다'라는 표현을 연습해 봐요.

7

나는 아이스크림이 먹고 싶어.

다락이와 친구들이 백화점에 갔어요.
우리 친구들은 무엇을 하고 있을까요?
그림 속에 숨어 있는 한자를 찾아 "我想吃冰淇淋。"문장을 완성해 보세요.

다락이와 소을이는 무엇이 먹고 싶을까요? 녹음을 잘 듣고 따라 말해 보세요.

你们想吃什么？
Nǐmen xiǎng chī shénme?

我们想吃冰淇淋。
Wǒmen xiǎng chī bīngqílín.

단어

你们 nǐmen 너희(들)
我们 wǒmen 우리(들)

想 xiǎng ~하고 싶다
冰淇淋 bīngqílín 아이스크림

吃 chī 먹다

P07_03

💡 미송이와 민건이는 무엇이 마시고 싶을까요? 녹음을 잘 듣고 따라 말해 보세요.

 我想喝奶茶。
Wǒ xiǎng hē nǎichá.

 我也想喝奶茶。
Wǒ yě xiǎng hē nǎichá.

 喝 hē 마시다　　　　奶茶 nǎichá 밀크티
也 yě ～도, 역시

P07_04

팡팡이는 무엇이 사고 싶을까요? 녹음을 잘 듣고 따라 말해 보세요.

> Nǐ xiǎng mǎi shénme?

> Wǒ xiǎng mǎi fàqiǎ.

 你想买什么?
Nǐ xiǎng mǎi shénme?

 我想买发卡。
Wǒ xiǎng mǎi fàqiǎ.

 단어 买 mǎi 사다　　　发卡 fàqiǎ 머리핀

64

P07_05

💡 다음 빈칸에 낱말 퍼즐을 바꿔 넣어서 연습해 보세요.

我　　想　　?　　?　。

吃
chī
먹다

冰淇淋
bīngqílín
아이스크림

喝
hē
마시다

奶茶
nǎichá
밀크티

买
mǎi
사다

发卡
fàqiǎ
머리핀

 단어 **더 알기**

P07_06

💡 백화점에 가면 무엇을 살 수 있을까요? 다음 단어를 따라 읽어 보세요.

热狗
règǒu
핫도그

三明治
sānmíngzhì
샌드위치

果汁
guǒzhī
주스

热巧克力
rèqiǎokèlì
핫초코

墨镜
mòjìng
선글라스

帽子
màozi
모자

裤子
kùzi
바지

T恤
T-xù
티셔츠

💡 재미있는 이야기와 그림으로 한자의 뜻을 알아보고, 또박또박 바르게 써 보세요.

살 매
mǎi

'買'는 '사다'라는 뜻을 가지고 있어요. 한자를 잘 보면 '그물 망(网)' 아래 '조개 패(貝/贝)'가 있어요. '그물 망'은 부수로 쓰일 때 이렇게 '罒' 써요. 옛날에 조개껍데기가 돈처럼 사용되었다고 해요. 한자와 중국어를 비교해 보면 모양이 조금 다른데, 중국어가 조금 더 쓰기 쉽네요.

우리 친구들에게만 한 가지 더 알려줄게요! 물건은 사는 사람보다 파는 사람이 더 많이 가지고 있겠죠? 중국어 '买' 위에 더하기 (+) 모양 같은 것을 덧붙이면 '팔다'라는 뜻의 '卖[mài]'가 된답니다.

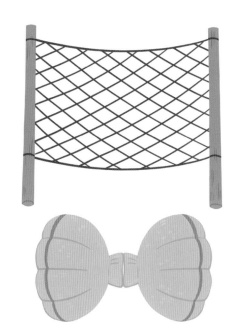

8 나는 의사가 되고 싶어. 너는?

다락이와 친구들이 직업 체험을 하러 갔어요.
우리 친구들은 커서 무엇이 되고 싶을까요? 그림 속에 숨어
있는 한자를 찾아 "我想当医生。你呢?" 문장을 완성해 보세요.

P08_02

소을이와 다락이의 장래 희망은 무엇일까요? 녹음을 잘 듣고 따라 말해 보세요.

> Wǒ xiǎng dāng yīshēng. Nǐ ne?

> Wǒ xiǎng dāng yùndòngyuán.

 我想当医生。你呢?
Wǒ xiǎng dāng yīshēng. Nǐ ne?

 我想当运动员。
Wǒ xiǎng dāng yùndòngyuán.

 단어

当 dāng ~이 되다

你呢 Nǐ ne? 너는? (상대에게 생각, 의견을 물어볼 때 사용)

医生 yīshēng 의사

运动员 yùndòngyuán 운동선수

70

P08_03

미송이와 민건이의 장래 희망은 무엇일까요? 녹음을 잘 듣고 따라 말해 보세요.

我想当歌手。你呢?
Wǒ xiǎng dāng gēshǒu. Nǐ ne?

我想当警察。
Wǒ xiǎng dāng jǐngchá.

단어   歌手 gēshǒu 가수   警察 jǐngchá 경찰

💡 팡팡이의 장래 희망은 무엇일까요? 녹음을 잘 듣고 따라 말해 보세요.

스튜디오

Nǐ xiǎng dāng shénme?

Wǒ xiǎng dāng wǎnghóng.

 你想当什么?
Nǐ xiǎng dāng shénme?

 我想当网红。
Wǒ xiǎng dāng wǎnghóng.

 단어　网红 wǎnghóng 인플루언서

바꿔 말하기

💡 다음 빈칸에 낱말 퍼즐을 바꿔 넣어서 연습해 보세요.

我 想 当 ？。

医生
yīshēng
의사

运动员
yùndòngyuán
운동선수

歌手
gēshǒu
가수

警察
jǐngchá
경찰

网红
wǎnghóng
인플루언서

단어 더 알기

💡 다양한 직업에 대해서 알아볼까요? 다음 단어를 따라 읽어 보세요.

老师 선생님
lǎoshī

厨师 요리사
chúshī

律师 변호사
lǜshī

药师 약사
yàoshī

演员 배우
yǎnyuán

兽医 수의사
shòuyī

模特 모델
mótè

科学家 과학자
kēxuéjiā

재미있는 이야기와 그림으로 한자의 뜻을 알아보고, 또박또박 바르게 써 보세요.

마땅 당
dāng

'當'은 '마땅하다', '균형 잡히다'라는 뜻을 가지고 있어요. 한자를 잘 보면 '밭 전(田)'과 '오히려 상(尙)'으로 이루어져 있는데, 가지런히 균형 잡히게 정리가 잘 된 밭을 의미하는 것 같네요. 이외에도 어떤 임무, 직책을 '맡다'라는 의미도 가지고 있는 한자랍니다. 한자와 중국어 모양이 조금 다르죠? 중국어가 한자보다 훨씬 쓰기 쉽네요.
중국어 '当[dāng]'을 사용해서 장래 희망을 묻고 답하는 표현을 연습해 봐요.

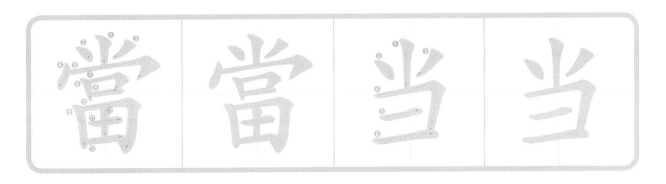

복습 2

녹음을 잘 듣고 빈 말풍선에 들어갈 알맞은 스티커를 찾아서 붙여 보세요.

Q02_01

1 우리 친구들의 표정이 좋지 않아요. 무슨 일이 있는지 알아볼까요?

머리부터 발까지 신체 부위를 알아볼까요?
신나는 반주에 맞춰 챈트를 따라 불러 보세요.

머리부터 발까지 중국어로 말해 봐요!

✊, ✌, ✊, ✌, 🖐, 🖐 !

머리를 오른쪽 왼쪽 움직여 보아요 tóu × 5

어깨를 왼쪽 오른쪽 흔들어 보아요 jiānbǎng × 5

손을 들어 반짝반짝 흔들어 보아요 shǒu × 5

머리부터 발까지 중국어로 말해 봐요!

☝, 🖐, ✊, ✌, 🖐, 🖐 !

엉덩이를 오른쪽 왼쪽 흔들어 보아요 pìgu × 5

무릎을 왼쪽 오른쪽 흔들어 보아요 xīgài × 5

발 구르며 콩콩콩 뛰어 볼까요? jiǎo × 5

2 우리 친구들이 놀이터에서 놀고 있어요.
무엇을 하며 노는지 알아볼까요?

우리 친구들이 어떤 운동을 잘 하는지 알아볼까요?
신나는 반주에 맞춰 챈트를 따라 불러 보세요.

다양한 운동 종목을 중국어로 말해 봐요!

☝, ✌, ☝, ✌, 🤟, 🖐 !

소을이가 자신있는 깡충깡충 줄넘기 tiàoshéng × 5

다락이가 자신있는 어푸어푸 수영은 yóuyǒng × 5

민건이가 자신있는 슛~골인 축구는 zúqiú × 5

다양한 운동 종목을 중국어로 말해 봐요!

☝, ✌, ☝, ✌, 🤟, 🖐 !

미송이가 자신있는 스릴만점 스키는 huáxuě × 5

팡팡이가 자신있는 신나는 스케이트 huábīng × 5

동생이 자신있는 홈런왕 야구는 bàngqiú × 5

3 우리 친구들이 백화점에 갔어요. 무엇을 하는지 알아볼까요?

💡 백화점에 간 우리 친구들이 무엇을 하고 싶은지 알아볼까요?
신나는 반주에 맞춰 챈트를 따라 불러 보세요.

먹고 마시고 사고 싶은 것을 중국어로 말해 봐요!

✊, ✌️, 🤟, 🖖, ✋, 🖐️!

미송이가 마시고 싶은 달콤한 밀크티 nǎichá × 5

팡팡이가 사고 싶은 귀여운 머리핀 fàqiǎ × 5

다락이가 먹고 싶은 시원한 아이스크림 bīngqílín × 3

먹고 마시고 사고 싶은 것을 중국어로 말해 봐요!

✊, ✌️, 🤟, 🖖, ✋, 🖐️!

소을이가 마시고 싶은 새콤달콤 주스는 guǒzhī × 5

선생님이 사고 싶은 멋있는 선글라스 mòjìng × 5

민건이가 먹고 싶은 맛있는 샌드위치 sānmíngzhì × 3

4 우리 친구들이 직업 체험을 하러 갔어요.
우리 친구들의 장래 희망이 무엇인지 알아볼까요?

💡 우리 친구들의 장래 희망이 무엇인지 알아볼까요?
신나는 반주에 맞춰 챈트를 따라 불러 보세요.

친구들의 장래 희망을 중국어로 말해 봐요!

✊, ✌, 🤟, 🖖, 🖐, 🖐 !

미송이가 되고 싶은 아이돌 가수는 gēshǒu × 5

민건이가 되고 싶은 **훌륭한 경찰**은 jǐngchá × 5

다락이가 되고 싶은 멋있는 운동선수
yùndòngyuán × 3

친구들의 장래 희망을 중국어로 말해 봐요!

✊, ✌, 🤟, 🖖, 🖐, 🖐 !

소을이가 되고 싶은 **훌륭한 의사**는 yīshēng × 5

팡팡이가 되고 싶은 인플루언서는 wǎnghóng × 5

동생이 되고 싶은 척척박사 과학자는 kēxuéjiā × 3

1. 같은 카드를 찾아라!

중국어 단어의 뜻과 소리는 물론, 카드 종류에 따라 병음이나 한자 모양을 익힐 수 있는 게임입니다. 두 명이서 할 수 있는 게임으로 같은 종류의 병음카드 두 세트를 가지고 진행할 수 있습니다. 예를 들어 병음카드 두 세트를 잘 섞어 나누어 갖고 같은 내용의 카드를 맞추는 식입니다. 병음이 익숙해졌다면 병음카드와 한자카드를 함께 사용하여 난이도를 높일 수 있습니다.

게임방법

❶ 각각 5장의 카드를 나누어 가지고, 5장의 카드는 내용이 보이도록 가운데 펼쳐둔다. 남은 카드는 보이지 않도록 뒤집어 가운데 더미를 만들어 둔다.

❷ 내가 가진 카드 중 가운데 펼쳐진 5장의 카드와 같은 것이 있다면 큰 소리로 단어를 외치면서 맞춘 후 2장의 카드를 모두 가진다. 그리고 더미에 있는 카드 1장을 뒤집어 펼쳐 놓는다. 뒤집은 카드와 가운데 있는 카드와 같은 것이 있다면 중국어로 단어를 외치고 2장 모두 가져온다.

❸ 내가 가지고 있는 카드와 가운데 펼쳐진 카드 중 같은 것이 없다면 내가 가진 카드의 단어를 중국어로 외치며 가운데 놓고, 더미에 있는 카드 1장을 뒤집는다. 뒤집은 카드와 가운데 있는 카드와 일치하는 것이 없다면, 뒤집었던 카드 단어를 중국어로 외치며 가운데 펼쳐 놓는다.

❹ 돌아가면서 반복하여 게임하고, 카드를 가장 많이 가지고 있는 사람이 승리!

단어를 맞춰라!

중국어 단어의 뜻을 확인할 수 있는 게임입니다. 동작을 통해 뜻을 설명하므로 더 활기찬 수업이 될 수 있습니다. 개인이나 모둠으로 진행할 수도 있는데, 모둠으로 진행할 경우 팀원들이 돌아가면서 설명하고 답을 맞춥니다.
단어의 수량에 제한을 두고 시간 기록을 가지고 승패를 나눌 수도 있고, 시간 제한을 두고 맞힌 단어수를 가지고 승패를 나눌 수도 있습니다.

게임방법

❶ 20장의 카드를 잘 섞어서 내용이 보이지 않도록 뒤집어 놓는다.

❷ 가위바위보를 통해 먼저 문제를 낼 사람을 정한다.

❸ 카드 1장을 상대가 보지 못하도록 한 뒤, 해당 카드의 단어를 동작으로만 설명한다. 동작으로만 설명이 어려울 경우 한국어로 설명할 수 있도록 기회를 준다.

❹ 상대방이 중국어로 단어를 맞히면 카드를 상대방에게 주고, 맞히지 못할 경우 카드는 문제를 낸 사람이 갖는다.

❺ 돌아가면서 반복하여 게임한다. (카드를 많이 가진 사람(팀)이 승리!)

1과 ▶ **오늘은 수요일이야.**

10~11쪽

| 듣고
말하기 1
12쪽 | 민건 : 오늘 몇 월 며칠이야? |
| | 다락 : 3월 24일이야. |

| 듣고
말하기 2
13쪽 | 민건 : 오늘 무슨 요일이야? |
| | 미송 : 오늘은 수요일이야. |

16~17쪽

2과 내일 날씨 어때?

| 듣고
말하기 1
18쪽 | 팡팡 : 내일 날씨 어때?
다락 : 내일 비가 와. |

| 듣고
말하기 2
19쪽 | 민건 : 주말 날씨 어때?
다락 : 날씨가 정말 좋아! |

이것은 칫솔이야.

22~23쪽

듣고 말하기 1 24쪽	미송 : 이것은 뭐야? 팡팡 : 이것은 칫솔이야.

듣고 말하기 2 25쪽	소을 : 저것은 뭐야? 다락 : 저것은 양말이야.

| 4과 | **지금 몇 시야?** |

28~29쪽

<table>
<tr><td>듣고
말하기 1
30쪽</td><td>다락 : 엄마, 지금 몇 시예요?
엄마 : 7시 10분이란다.</td></tr>
</table>

<table>
<tr><td>듣고
말하기 2
31쪽</td><td>민건 : 지금 몇 시야?
소을 : 3시 반이야.</td></tr>
</table>

1 해석

민건 : 오늘 몇 월 며칠이야?

다락 : 3월 24일이야.

민건 : 오늘 무슨 요일이야?

미송 : 오늘은 수요일이야.

다락 : 내일 무슨 요일이야?

미송 : 목요일이야.

정답

민건 : 今天星期几?

미송 : 今天星期三。

2 해석

팡팡 : 내일 날씨 어때?

다락 : 내일 비가 와.

민건 : 주말 날씨 어때?

다락 : 날씨가 정말 좋아!

정답

팡팡 : 明天天气怎么样?

다락 : 明天下雨。

3 해석

미송 : 이것은 뭐야?

팡팡 : 이것은 칫솔이야.

소을 : 저것은 무엇이야?

다락 : 저것은 양말이야.

소을 : 양말?!?!

정답

미송 : 这是什么?

다락 : 那是袜子。

4 해석

다락 : 엄마 지금 몇 시예요?

엄마 : 7시 10분이란다.

민건 : 지금 몇 시야?

소을 : 3시 반이야.

정답

다락 : 妈妈, 现在几点?

소을 : 三点半。

5과 **나는 머리가 아파.**

44~45쪽

| 듣고
말하기1
46쪽 | 소을 : 너 왜 그래?
민건 : 나 머리가 아파. |

| 듣고
말하기2
47쪽 | 미송 : 너 왜 그래?
팡팡 : 나 배가 아파. |

| 듣고
말하기3
48쪽 | 소을, 미송 : 너 왜 그래?
다락: 나 이가 아파. |

너는 줄넘기를 할 수 있니?

52~53쪽

| 듣고
말하기 1
54쪽 | 다락 : 너 줄넘기 할 수 있어?
소을 : 난, 할 수 있어. |

| 듣고
말하기 2
55쪽 | 미송 : 너 수영 할 수 있어?
팡팡 : 난 못해. |

| 듣고
말하기 3
56쪽 | 다락 : 너 자전거 탈 수 있어?
민건 : 난 잘 못 타. |

나는 아이스크림이 먹고 싶어.

60~61쪽

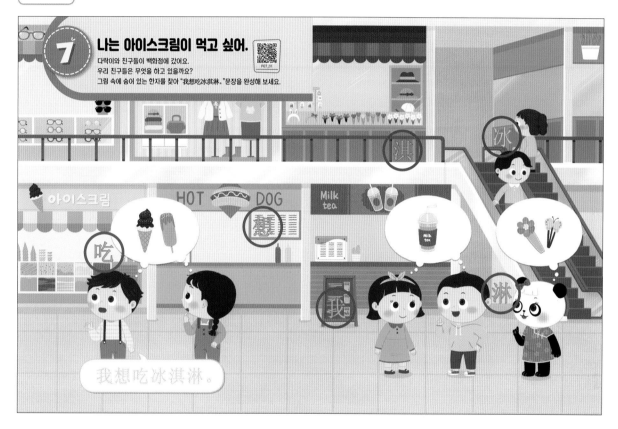

듣고 말하기1 62쪽	팡팡 : 너희는 무엇이 먹고 싶어? 다락, 소을 : 우리는 아이스크림이 먹고 싶어.

듣고 말하기2 63쪽	미송 : 나는 밀크티가 마시고 싶어. 민건 : 나도 밀크티가 마시고 싶어.

듣고 말하기3 64쪽	다락 : 너는 무엇이 사고 싶어? 팡팡 : 나는 머리핀이 사고 싶어.

8과 **나는 의사가 되고 싶어. 너는?**

68~69쪽

듣고 말하기 1 70쪽	소을 : 나는 의사가 되고 싶어. 너는? 다락 : 나는 운동선수가 되고 싶어.

듣고 말하기 2 71쪽	미송 : 나는 가수가 되고 싶어. 너는? 민건 : 나는 경찰이 되고 싶어.

듣고 말하기 3 72쪽	미송, 소을 : 너는 무엇이 되고 싶어? 팡팡 : 나는 인플루언서가 되고 싶어.

1 해석

소을 : 너 왜 그래?

민건 : 나 머리가 아파.

미송 : 너 왜 그래?

팡팡 : 나 배가 아파.

소을, 미송 : 너 왜 그래?

다락 : 나 이가 아파.

정답

소을 : 你怎么了？

팡팡 : 我肚子很疼。

2 해석

다락 : 너 줄넘기할 수 있어?

소을 : 난 할 수 있어.

미송 : 너 수영할 수 있어?

팡팡 : 난 못해.

다락 : 너 자전거 탈 수 있어?

민건 : 난 잘 못 타.

정답

다락 : 你会跳绳吗？

팡팡 : 我不会。

3 해석

팡팡 : 너희 무엇이 먹고 싶어?

다락, 소을 : 우리는 아이스크림이 먹고 싶어.

미송 : 나는 밀크티가 마시고 싶어.

민건 : 나도 밀크티가 마시고 싶어.

다락 : 너 무엇이 사고 싶어?

팡팡 : 나는 머리핀이 사고 싶어.

정답

민건 : 我也想喝奶茶。

다락 : 你想买什么？

4 해석

소을 : 나는 의사가 되고 싶어. 너는?

다락 : 나는 운동선수가 되고 싶어.

미송 : 나는 가수가 되고 싶어 너는?

민건 : 나는 경찰이 되고 싶어.

미송, 소을 : 너는 무엇이 되고 싶어?

팡팡 : 나는 인플루언서가 되고 싶어.

정답

미송 : 我想当歌手。你呢？

팡팡 : 我想当网红。

1과

今天	jīntiān	오늘
几	jǐ	몇?
月	yuè	월
号	hào	일(날짜)
三	sān	3(삼), 셋
二十四	èrshísì	24(이십사)
星期	xīngqī	요일
星期一	xīngqīyī	월요일
星期二	xīngqī'èr	화요일
星期三	xīngqīsān	수요일
星期四	xīngqīsì	목요일
星期五	xīngqīwǔ	금요일
星期六	xīngqīliù	토요일
星期天	xīngqītiān	일요일
星期日	xīngqīrì	일요일

2과

明天	míngtiān	내일
天气	tiānqì	날씨
怎么样	zěnmeyàng	어때?
下雨	xiàyǔ	비 오다
周末	zhōumò	주말

很	hěn	매우, 정말
好	hǎo	좋다
晴天	qíngtiān	맑음
阴天	yīntiān	흐림
多云	duō yún	구름 많음
下雪	xiàxuě	눈 내리다
刮风	guāfēng	바람이 불다

3과

这	zhè	이것
是	shì	~이다
什么	shénme	무엇, 무슨?
牙刷	yáshuā	칫솔
那	nà	그것, 저것
袜子	wàzi	양말
手机	shǒujī	휴대전화
手表	shǒubiǎo	손목시계
笔记本	bǐjìběn	공책
眼镜	yǎnjìng	안경

4과

妈妈	māma	엄마
现在	xiànzài	지금, 현재
点	diǎn	시

七	qī	7(칠), 일곱
十	shí	10(십), 열
分	fēn	분
半	bàn	절반, 30분
两	liǎng	2(둘)

5과

你	nǐ	너
怎么了	zěnme le	왜 그래?, 무슨 일이야?
我	wǒ	나
头	tóu	머리
疼	téng	아프다
肚子	dùzi	배
牙	yá	이
眼睛	yǎnjing	눈
鼻子	bízi	코
耳朵	ěrduo	귀
嘴	zuǐ	입
肩膀	jiānbǎng	어깨
手	shǒu	손
屁股	pìgu	엉덩이
膝盖	xīgài	무릎
腿	tuǐ	다리
脚	jiǎo	발

6과

会	huì	할 수 있다
跳绳	tiàoshéng	줄넘기하다
游泳	yóuyǒng	수영하다
不会	bú huì	할 수 없다(못 하다)
骑	qí	(자전거 등을) 타다
自行车	zìxíngchē	자전거
不太会	bú tài huì	잘하지 못하다
滑雪	huáxuě	스키를 타다
滑冰	huábīng	스케이트를 타다
踢足球	tī zúqiú	축구하다
打棒球	dǎ bàngqiú	야구하다
打羽毛球	dǎ yǔmáoqiú	배드민턴을 치다
打篮球	dǎ lánqiú	농구하다
打乒乓球	dǎ pīngpāngqiú	탁구를 치다
打网球	dǎ wǎngqiú	테니스를 치다

7과

你们	nǐmen	너희(들)
想	xiǎng	~하고 싶다
吃	chī	먹다
我们	wǒmen	우리(들)
冰淇淋	bīngqílín	아이스크림
喝	hē	마시다

奶茶	nǎichá	밀크티
也	yě	～도, 역시
买	mǎi	사다
发卡	fàqiǎ	머리핀
热狗	règǒu	핫도그
三明治	sānmíngzhì	샌드위치
果汁	guǒzhī	주스
热巧克力	rèqiǎokèlì	핫초코
墨镜	mòjìng	선글라스
帽子	màozi	모자
裤子	kùzi	바지
T恤	T-xù	티셔츠

8과

当	dāng	～이 되다
医生	yīshēng	의사
你呢	Nǐ ne?	너는? (상대에게 생각, 의견을 물어볼 때 사용)
运动员	yùndòngyuán	운동선수
歌手	gēshǒu	가수
警察	jǐngchá	경찰
网红	wǎnghóng	인플루언서 (많은 사람들에게 영향력을 행사하는 개인)
老师	lǎoshī	선생님
厨师	chúshī	요리사

律师	lǜshī	변호사
药师	yàoshī	약사
演员	yǎnyuán	배우
兽医	shòuyī	수의사
模特	mótè	모델
科学家	kēxuéjiā	과학자

한자

星	별 성	xīng
天	하늘 천	tiān
是	옳을 시	shì
分	나눌 분	fēn
疼	아플 동	téng
會/会	모일 회	huì
買/买	살 매	mǎi
當/当	마땅 당	dāng

MEMO

dùzi
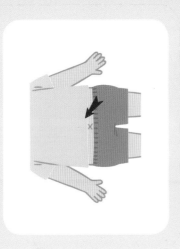

yǎnjīng
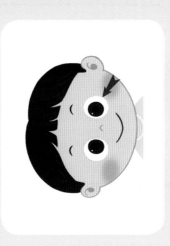

qí zìxíngchē

màozi

lǎoshī

xīngqīyī

xīngqī'èr

xīngqīsān

xīngqīsì

xīngqīwǔ

xīngqīliù

xīngqītiān

qíngtiān

yīntiān

duō yún

xiàyǔ

xiàxuě

guāfēng

yáshuā

wàzi

shǒujī

shǒubiǎo

yǎnjìng

bǐjìběn

qī diǎn
shí fēn

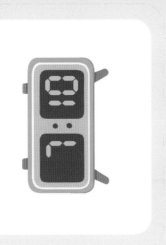

sān diǎn
bàn

liǎng diǎn

jiǔ diǎn

liù diǎn
sìshí fēn

shí diǎn

liù diǎn
sìshí fēn

tóu

jiānbǎng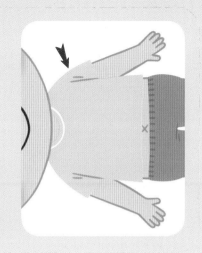

shǒu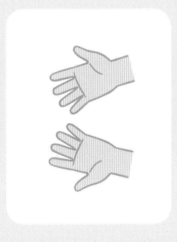

pìgu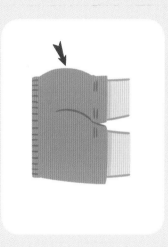

xīgài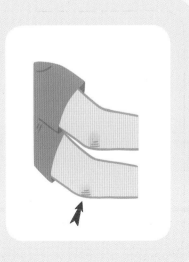

jiǎo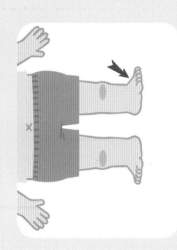

tiàoshéng

tī zúqiú

huábīng

yóuyǒng

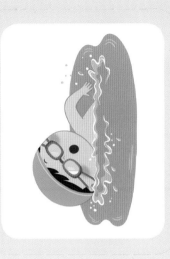

huáxuě

dǎ bàngqiú

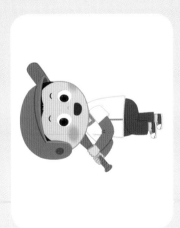

bīngqílín

nǎichá

fàqiǎ

sānmíngzhì

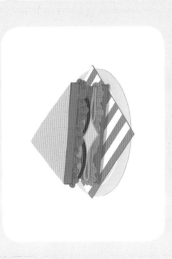

guǒzhī

mòjìng

어린이
조홍어
해나서를
응답은 생활화

어린이
조홍어
해나서를
응답은 생활화

어린이
조홍어
해나서를
응답은 생활화

어린이
조홍어
해나서를
응답은 생활화

어린이
조홍어
해나서를
응답은 생활화

어린이
조홍어
해나서를
응답은 생활화

gēshǒu

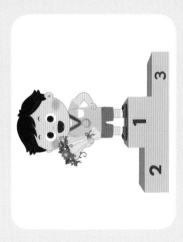

yùndòngyuán

wǎnghóng

jǐngchá

yīshēng

kēxuéjiā

肚子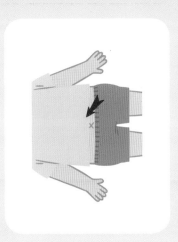

眼睛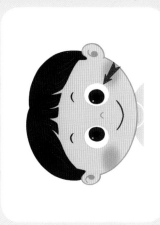

骑自行车

帽子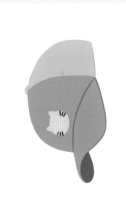

老师

星期一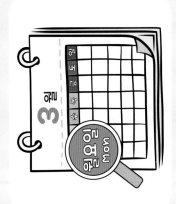

星期二

星期三

星期四

星期五

星期六

星期天

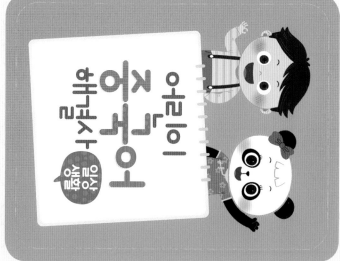

晴天

阴天

多云

下雨

下雪

刮风

牙刷

袜子

手机

手表

眼镜

笔记本

七点十分

三点半

两点

九点

十点

六点四十分

头

肩膀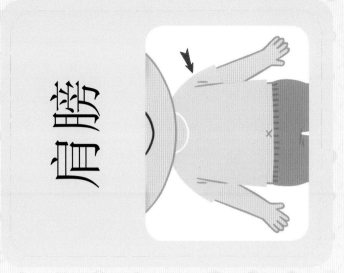

手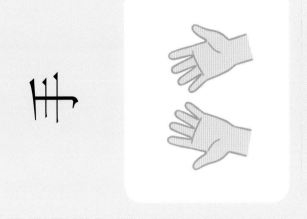

屁股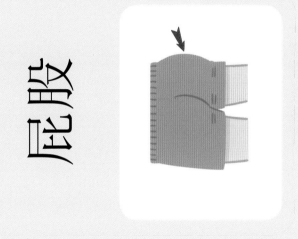

膝盖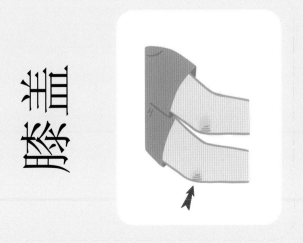

脚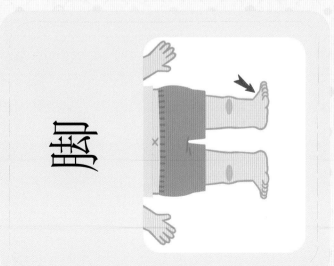

跳绳

游泳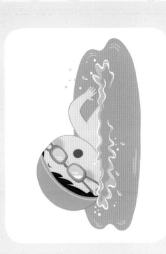

踢足球

滑雪

滑冰

打棒球

冰淇淋

奶茶

发卡

三明治

果汁

墨镜

歌手

警察

运动员

医生

网红

科学家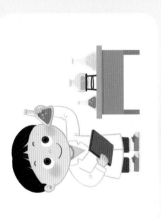

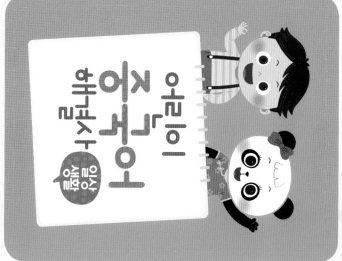

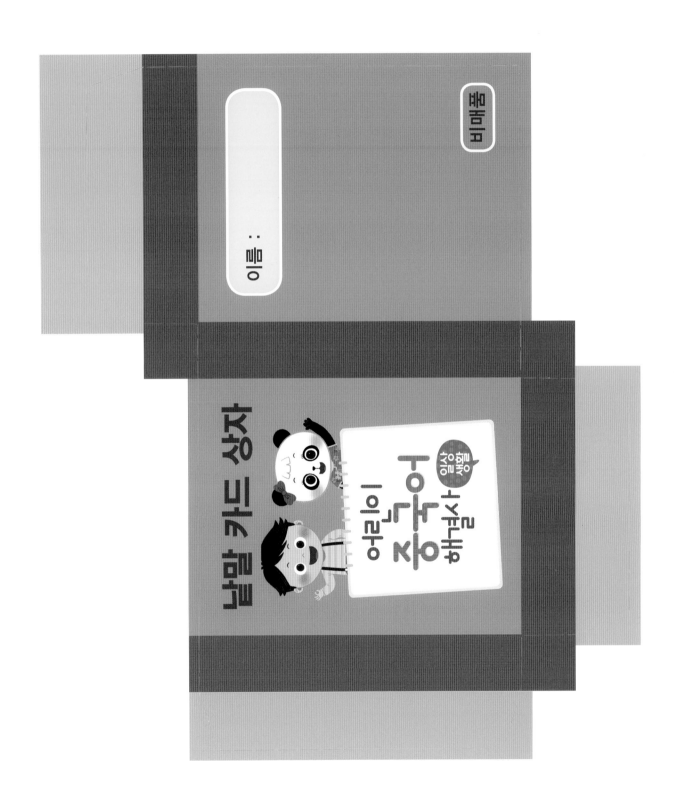

으쓱으쓱
칭찬표

11쪽

今天星期三。

22쪽

这是牙刷。

17쪽

明天天气怎么样?

34쪽

今天星期几?

今天星期三。

28쪽

现在几点?

36쪽

明天天气怎么样?

明天下雨。

38쪽

这是什么?

那是袜子。

40쪽

妈妈, 现在几点?

三点半。

44쪽

我头很疼。

52쪽

你会跳绳吗？

60쪽

我想吃冰淇淋。

76쪽

你怎么了？

我肚子很疼。

69쪽

我想当医生。
你呢？

78쪽

你会跳绳吗？

我不会。

80쪽

我也想喝奶茶。

你想买什么？

82쪽

我想当歌手。
你呢？

我想当网红。

어린이 중국어 해결사

일상 생활

〈워크북〉

다락원

어린이 중국어 해결사

일상 생활

〈워크북〉

다락원

이 책의 차례

1 오늘은 수요일이야.

① 녹음을 잘 듣고 운모 위에 알맞은 성조를 표시해 보세요.

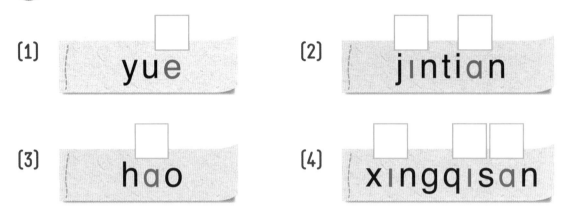

(1) ☐
yue

(2) ☐ ☐
jintian

(3) ☐
hao

(4) ☐ ☐ ☐
xingqisan

② 녹음을 잘 듣고 그림에 알맞은 한어병음에 동그라미 해 보세요.

(1)
xīngqītàn　　xīngqītiān

(2)
sān yuè　　sān yué

(3)
èrshísì hào　　érshísì hào

(4)
xīngqīrù　　xīngqīliù

3 녹음을 잘 듣고 빈칸에 들어갈 한어병음을 써 보세요.

(1)

xīngqī_____ | _____ yī | _____

(2)

_____ tiān | jīn _____ | _____

(3)

_____ qīwǔ | xīng _____ | _____ wǔ | _____

4 그림과 일치하는 한어병음과 한자를 연결해 보세요.

(1)

· · èrshísì hào · · 星期三

(2)

· · xīngqīsān · · 星期四

(3)

· · xīngqīsì · · 二十四号

5 그림에 알맞은 낱말을 표에서 찾아 동그라미 하고, 한자를 따라 써 보세요.

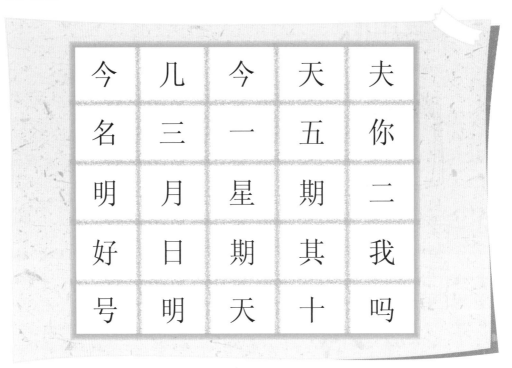

今	几	今	天	夫
名	三	一	五	你
明	月	星	期	二
好	日	期	其	我
号	明	天	十	吗

(1)

三 月

(2)

今 天

(3)

星 期 天

(4)

星 期 二

6 다음 문장을 큰 소리로 따라 읽으며 한자와 한어병음을 써 보세요.

[1]

今 天 三 月 二 十 四 号 。

Jīntiān sān yuè èrshísì hào.

[2]

今 天 星 期 几 ？

Jīntiān xīngqī jǐ?

[3]

今 天 星 期 三 。

Jīntiān xīngqīsān.

7 한자를 바르게 써 보세요.

별 성 xīng

生   星   星   星   星

2 내일 날씨 어때?

W02

1 녹음을 잘 듣고 운모 위에 알맞은 성조를 표시해 보세요.

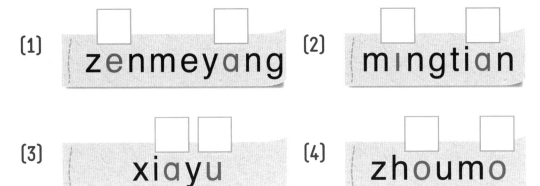

(1) □ □ zenmeyang

(2) □ □ mingtian

(3) □ □ xiayu

(4) □ □ zhoumo

2 녹음을 잘 듣고 그림에 알맞은 한어병음에 동그라미 해 보세요.

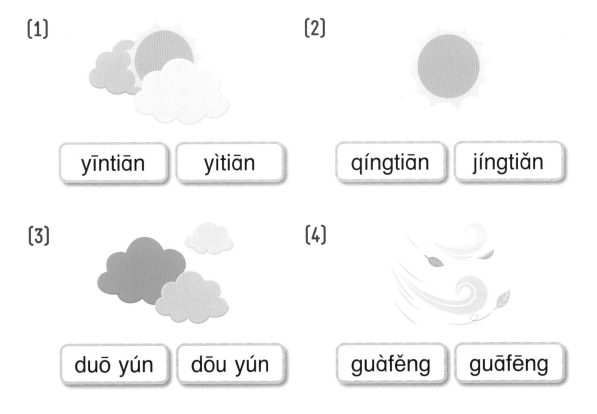

(1)
yīntiān   yìtiān

(2)
qíngtiān   jíngtiǎn

(3)
duō yún   dōu yún

(4)
guàfěng   guāfēng

3 녹음을 잘 듣고 빈칸에 들어갈 한어병음을 써 보세요.

(1)

zěnme _____ ⋮ _____ yàng _____

(2)

tiān _____ ⋮ qì _____

(3)

_____ xuě ⋮ xià _____

4 그림과 일치하는 한어병음과 한자를 연결해 보세요.

(1) • • xiàyǔ • 阴天

(2) • • yīntiān • 下雨

(3) • • qíngtiān • 晴天

2 내일 날씨 어때?

⑤ 그림에 알맞은 낱말을 표에서 찾아 동그라미 하고, 한자를 따라 써
보세요.

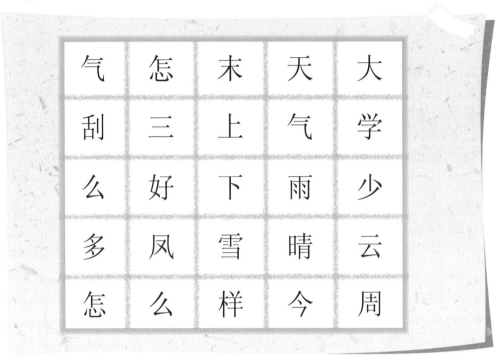

气	怎	末	天	大
刮	三	上	气	学
么	好	下	雨	少
多	凤	雪	晴	云
怎	么	样	今	周

(1)

天气

(2)

下雨

(3)

下雪

(4)

怎么样

6 다음 문장을 큰 소리로 따라 읽으며 한자와 한어병음을 써 보세요.

(1)

明天天气怎么样？

Míngtiān tiānqì zěnmeyàng?

(2)

明天下雨。

Míngtiān xiàyǔ.

(3)

天气很好！

Tiānqì hěn hǎo!

7 한자를 바르게 써 보세요.

하늘 천 tiān

天　天　天　天

3 이것은 칫솔이야.

W03

1 녹음을 잘 듣고 운모 위에 알맞은 성조를 표시해 보세요.

(1) □ zhe

(2) □ shenme

(3) □□ yashua

(4) □ wazi

2 녹음을 잘 듣고 그림에 알맞은 한어병음에 동그라미 해 보세요.

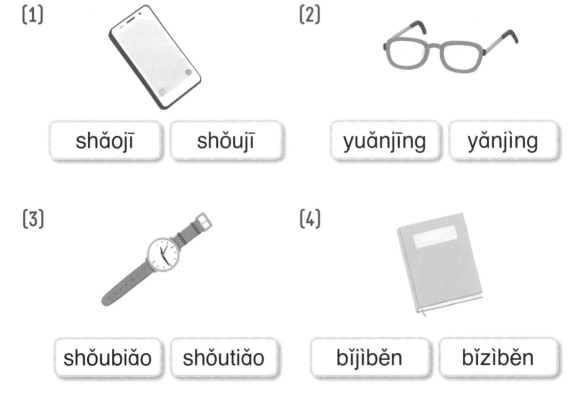

(1) shǎojī / shǒujī

(2) yuǎnjīng / yǎnjìng

(3) shǒubiǎo / shǒutiāo

(4) bǐjìběn / bǐzìběn

3 녹음을 잘 듣고 빈칸에 들어갈 한어병음을 써 보세요.

(1)

_____ zi | wà _____ | _____

(2)

_____ běn | bǐjì _____ | _____

(3)

shén _____ | _____ me | _____

4 그림과 일치하는 한어병음과 한자를 연결해 보세요.

(1)  • • nà • • 这

(2)  • • shǒubiǎo • • 那

(3)  • • zhè • • 手表

5 그림에 알맞은 낱말을 표에서 찾아 동그라미 하고, 한자를 따라 써 보세요.

牙	刷	袜	子	那
是	眼	上	气	什
什	这	手	机	么
几	书	表	怎	么
字	今	笔	记	本

〔1〕

牙刷

〔2〕

手机

〔3〕

手表

〔4〕

笔记本

6 다음 문장을 큰 소리로 따라 읽으며 한자와 한어병음을 써 보세요.

(1)

这 是 什 么 ?

Zhè shì shénme?

(2)

这 是 牙 刷 。

Zhè shì yáshuā.

(3)

那 是 袜 子 。

Nà shì wàzi.

7 한자를 바르게 써 보세요.

옳을 시 shì

正 是 是 是 是

W04

4 지금 몇 시야?

① 녹음을 잘 듣고 운모 위에 알맞은 성조를 표시해 보세요.

(1) xianzai

(2) dian

(3) fen

(4) ban

② 녹음을 잘 듣고 그림에 알맞은 한어병음에 동그라미 해 보세요.

(1)

liǎng diǎn | èr diǎn

(2)

sān diǎn bàn | sān diǎn bān

(3)

qī diǎn shí fēn | qī diǎn sì fēn

(4)

sì diǎn | shí diǎn

3 녹음을 잘 듣고 빈칸에 들어갈 한어병음을 써 보세요.

(1)

jǐ _____ diǎn _____

(2)

_____ diǎn liǎng _____

(3)

jiǔ _____ diǎn _____

4 그림과 일치하는 한어병음과 한자를 연결해 보세요.

(1)

• • sān diǎn bàn • • 三点半

(2)

• • liù diǎn sìshí fēn • • 十点

(3)

• • shí diǎn • • 六点四十分

5 그림에 알맞은 낱말을 표에서 찾아 동그라미 하고, 한자를 따라 써 보세요.

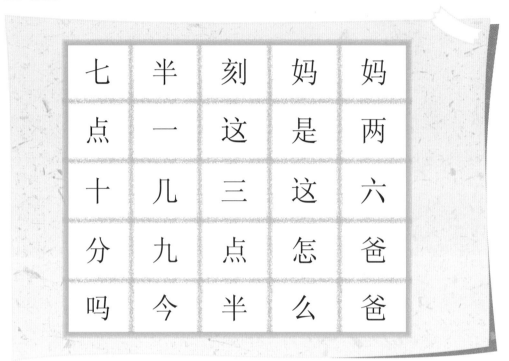

七	半	刻	妈	妈
点	一	这	是	两
十	几	三	这	六
分	九	点	怎	爸
吗	今	半	么	爸

(1)

妈妈

(2)

七点十分

(3)

三点半

(4)

九点

6 다음 문장을 큰 소리로 따라 읽으며 한자와 한어병음을 써 보세요.

(1)

现 在 几 点 ?

Xiànzài jǐ diǎn?

(2)

七 点 十 分 。

Qī diǎn shí fēn.

(3)

三 点 半 。

Sān diǎn bàn.

7 한자를 바르게 써 보세요.

나눌 분 fēn

分	分	分	分

종합평가 ①

01 그림에 알맞은 한어병음을 찾아 보세요. ( )

① jīntiān ② míngtiān

③ zhōumò ④ shénme

⑤ tiānqì

02 달력에 동그라미 친 요일로 알맞은 한어병음을 찾아 보세요. ( )

① xīngqīyī ② xīngqī'èr

③ xīngqīsān ④ xīngqīsì

⑤ xīngqīwǔ

03 그림에 알맞은 단어를 찾아 보세요. ( )

① wàzi – 袜子 ② yáshuā – 牙刷

③ shǒujī – 手机 ④ yǎnjìng – 眼镜

⑤ shǒubiǎo – 手表

04 그림의 상황에서 할 수 있는 말로 알맞은 표현을 찾아 보세요. ( )

① Míngtiān tiānqì zěnmeyàng?

② Jīntiān jǐ yuè jǐ hào?

③ Jīntiān xīngqīsān.

④ Nà shì wàzi.

⑤ Xiànzài jǐ diǎn?

05 그림을 보고 알맞은 시간 표현을 찾아 보세요.

( )

① Shí diǎn.

② Qī diǎn shí fēn.

③ Liǎng diǎn.

④ Sān diǎn bàn.

⑤ Jiǔ diǎn.

06 그림에 알맞은 한어병음과 한국어 뜻이 바르게
짝지어진 것을 찾아 보세요.

( )

① qíngtiān – 날씨 맑음

② guāfēng – 바람불다

③ yīntiān – 날씨 흐림

④ xiàyǔ – 비 내리다

⑤ xiàxuě – 눈 내리다

07 그림의 상황에서 다락이가 할 수 있는 말로 알맞
은 표현을 찾아 보세요.

( )

① Zhè shì yáshuā. – 这是牙刷。

② Zhè shì shǒujī. – 这是手机。

③ Zhè shì yǎnjìng. – 这是眼镜。

④ Nà shì bǐjìběn. – 那是笔记本。

⑤ Nà shì wàzi. – 那是袜子。

Nà shì shénme?
那是什么？

08 대화에서 빈칸에 공통으로 들어갈 알맞은 단어를 찾아 보세요.

( )

① hěn － 很
② zhè － 这
③ xià － 下
④ hǎo － 好
⑤ jǐ － 几

_____ shì shénme?
_____ 是什么?

_____ shì yáshuā.
_____ 是牙刷。

09 그림을 보고 보기에서 단어를 순서대로 골라 알맞은 문장을 만들어 보세요.

( )

ⓐ 点   ⓑ 现在   ⓒ 几   ⓓ 妈妈

① ⓐ－ⓑ－ⓒ－ⓓ
② ⓐ－ⓓ－ⓒ－ⓑ
③ ⓑ－ⓒ－ⓐ－ⓓ
④ ⓓ－ⓑ－ⓒ－ⓐ
⑤ ⓒ－ⓐ－ⓓ－ⓑ

10 그림이 나타내는 한자와 소리가 바르게 짝지어진 것을 찾아 보세요.

( )

① 月 － 월
② 天 － 천
③ 是 － 시
④ 分 － 분
⑤ 星 － 성

종합평가 ②

01 그림에 알맞은 한어병음을 찾아 보세요.　　　　(　)

① yáshuā　　　② xiàxuě

③ yīntiān　　　④ yǎnjìng

⑤ xīngqītiān

02 그림을 보고 알맞은 시간표현을 찾아 보세요.　　(　)

① Sān diǎn bàn.　　　② Jiǔ diǎn.

③ Liǎng diǎn bàn.　　④ Liù diǎn sìshí fēn.

⑤ Shí diǎn.

03 그림에 알맞은 단어를 찾아 보세요.　　　　　　(　)

① xiàxuě - 下雪

② duō yún - 多云

③ guāfēng - 刮风

④ qíngtiān - 晴天

⑤ xiàyǔ -下雨

04 그림의 상황에서 할 수 있는 말로 알맞은 표현을 찾아 보세요.　(　)

① Xiànzài jǐ diǎn?

② Jīntiān jǐ yuè jǐ hào?

③ Jīntiān xīngqīliù.

④ Nà shì wàzi.

⑤ Míngtiān qíngtiān.

05 달력에 동그라미 친 요일로 알맞은 단어를 찾아보세요. ( )

① xīngqīwǔ – 星期五
② xīngqīyī – 星期一
③ xīngqītiān – 星期天
④ xīngqī'èr – 星期二
⑤ xīngqīsì – 星期四

06 그림을 보고 공통으로 들어갈 알맞은 단어를 찾아보세요. ( )

① bǐ – 笔
② shǒu – 手
③ yá – 牙
④ diǎn – 点
⑤ xià – 下

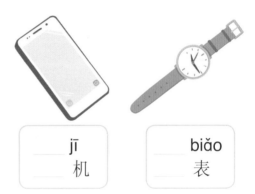

| jī | biǎo |
| 机 | 表 |

07 그림의 상황에서 미송이가 할 수 있는 말로 알맞은 표현을 찾아보세요. ( )

① Zhè shì shénme? – 这是什么?
② Míngtiān xiàyǔ. – 明天下雨。
③ Xiànzài jǐ diǎn? – 现在几点?!
④ Jīntiān xīngqīsān. – 今天星期三。
⑤ Tiānqì hěn hǎo! – 天气很好!

Jīntiān xīngqī jǐ?
今天星期几?

08 대화에서 빈칸에 공통으로 들어갈 알맞은 단어를 찾아보세요. (　　)

① míngtiān −明天
② xiànzài −现在
③ tiānqì −天气
④ shénme −什么
⑤ jīntiān −今天

Zhōumò _____ zěnmeyàng?
周末_____怎么样?

_____ hěn hǎo!
_____很好!

09 그림을 보고 보기에서 단어를 순서대로 골라 알맞은 문장을 만들어보세요.

(　　)

ⓐ 三　　ⓑ 号　　ⓒ 二十四　　ⓓ 月

① ⓐ−ⓒ−ⓑ−ⓓ
② ⓑ−ⓓ−ⓐ−ⓒ
③ ⓓ−ⓑ−ⓒ−ⓐ
④ ⓑ−ⓒ−ⓐ−ⓓ
⑤ ⓐ−ⓓ−ⓒ−ⓑ

10 그림이 나타내는 한자와 소리가 바르게 짝지어진
것을 찾아보세요. (　　)

① 分 − 분　　② 点 − 점
③ 星 − 성　　④ 天 − 천
⑤ 是 − 시

5 나는 머리가 아파.

W05

① 녹음을 잘 듣고 운모 위에 알맞은 성조를 표시해 보세요.

[1]

teng

[2]

tou

[3]

duzi

[4]

ya

② 녹음 잘 듣고 그림에 알맞은 한어병음에 동그라미 해 보세요.

[1]

bízi　bǐjì

[2]

ěrdóu　ěrduo

[3]

dùzǐ　dùzi

[4]

jiào　jiǎo

3 녹음을 잘 듣고 빈칸에 들어갈 한어병음을 써 보세요.

[1]

_____gu | pì_____ | _____

[2]

jiān_____ | _____bǎng | _____

[3]

xī_____ | _____gài | _____

4 그림과 일치하는 한어병음과 한자를 연결해 보세요.

[1]
shǒu
脚

[2]
jiǎo
手

[3]
yǎnjing
眼睛

5 그림에 알맞은 낱말을 표에서 찾아 동그라미 하고, 한자를 따라 써 보세요.

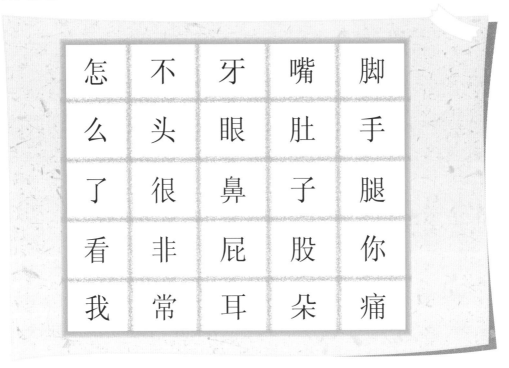

怎	不	牙	嘴	脚
么	头	眼	肚	手
了	很	鼻	子	腿
看	非	屁	股	你
我	常	耳	朵	痛

[1]

怎么了

[2]

肚子

[3]

鼻子

[4]

耳朵

6 다음 문장을 큰 소리로 따라 읽으며 한자와 한어병음을 써 보세요.

(1)

你 怎 么 了 ?

Nǐ zěnme le?

(2)

我 肚 子 很 疼 。

Wǒ dùzi hěn téng.

(3)

我 牙 很 疼 。

Wǒ yá hěn téng.

7 한자를 바르게 써 보세요.

아플 동 téng

疼　疼　疼　疼

6 너는 줄넘기를 할 수 있니?

W06

① 녹음을 잘 듣고 운모 위에 알맞은 성조를 표시해 보세요.

(1) □
hui

(2) □ □
tiaosheng

(3) □ □
bu hui

(4) □ □
youyong

② 녹음을 잘 듣고 그림에 알맞은 한어병음에 동그라미 해 보세요.

(1)

zíxǐngchē   zìxíngchē

(2)

huáxuě   huàxuě

(3)

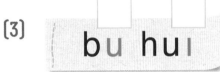

dǎ wǎngqiú   dǎ wángqiú

(4)

dǎ pīngpāngqiú   dǎ pīngbāngqiú

③ 녹음을 잘 듣고 빈칸에 들어갈 한어병음을 써 보세요.

(1)

_____ huì ┊ bú tài _____ ┊ _____

(2)

_____ shéng ┊ tiào _____ ┊ _____

(3)

dǎ _____ ┊ _____ lánqiú ┊ _____

④ 그림과 일치하는 한어병음과 한자를 연결해 보세요.

(1)

• • dǎ yǔmáoqiú • • 游泳

(2)

• • dǎ bàngqiú • • 打棒球

(3)

• • yóuyǒng • • 打羽毛球

5 그림에 알맞은 낱말을 표에서 찾아 동그라미 하고, 한자를 따라 써 보세요.

可	以	游	泳	太
车	不	会	弹	打
骑	自	行	车	棒
滑	大	踢	足	球
冰	拉	小	提	琴

(1)

不会

(2)

滑冰

(3)

打棒球

(4)

踢足球

6 다음 문장을 큰 소리로 따라 읽으며 한자와 한어병음을 써 보세요.

[1]

你 会 跳 绳 吗 ?

Nǐ huì tiàoshéng ma?

[2]

你 会 游 泳 吗 ?

Nǐ huì yóuyǒng ma?

[3]

我 不 太 会 。

Wǒ bú tài huì.

7 한자를 바르게 써 보세요.

모일 회 huì

7 나는 아이스크림이 먹고 싶어.

W07

1 녹음을 잘 듣고 운모 위에 알맞은 성조를 표시해 보세요.

(1) chi

(2) bingqilin

(3) mai

(4) naicha

2 녹음을 잘 듣고 그림에 알맞은 한어병음에 동그라미 해 보세요.

(1)

fàqiǎ   fàjiǎ

(2)

règuǒ   règǒu

(3)

gǒuzhì   guǒzhī

(4)

màozi   māozì

3 녹음을 잘 듣고 빈칸에 들어갈 한어병음을 써 보세요.

[1]

_____ míngzhì   sān _____ zhì _____

[2]

_____ chá   nǎi _____ _____

[3]

bīng _____   qílín _____

4 그림과 일치하는 한어병음과 한자를 연결해 보세요.

[1]

·   · rèqiǎokèlì ·   · 墨镜

[2]

·   · mòjìng ·   · 裤子

[3]

·   · kùzi ·   · 热巧克力

5 그림에 알맞은 낱말을 표에서 찾아 동그라미 하고, 한자를 따라 써 보세요.

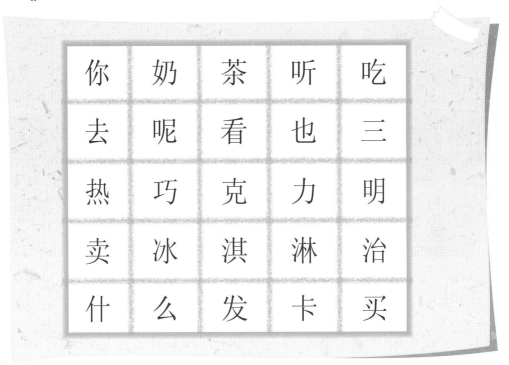

你	奶	茶	听	吃
去	呢	看	也	三
热	巧	克	力	明
卖	冰	淇	淋	治
什	么	发	卡	买

(1)

奶茶

(2)

冰淇淋

(3)

三明治

(4)

发卡

6 다음 문장을 큰 소리로 따라 읽으며 한자와 한어병음을 써 보세요.

[1]

我 们 想 吃 冰 淇 淋 。

Wǒmen xiǎng chī bīngqílín.

[2]

我 想 喝 奶 茶 。

Wǒ xiǎng hē nǎichá.

[3]

我 想 买 发 卡 。

Wǒ xiǎng mǎi fàqiǎ.

7 한자를 바르게 써 보세요.

살 매 mǎi

| 買 | 買 | 买 | 买 |

8 나는 의사가 되고 싶어. 너는?

W08

① 녹음을 잘 듣고 운모 위에 알맞은 성조를 표시해 보세요.

[1] xiang

[2] dang

[3] geshou

[4] jingcha

② 녹음을 잘 듣고 그림에 알맞은 한어병음에 동그라미 해 보세요.

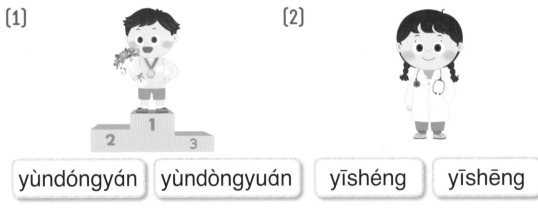

[1]

yùndóngyán   yùndòngyuán

[2]

yīshéng   yīshēng

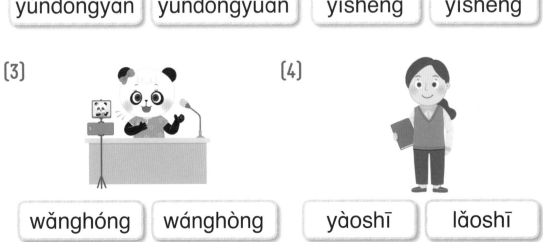

[3]

wǎnghóng   wánghòng

[4]

yàoshī   lǎoshī

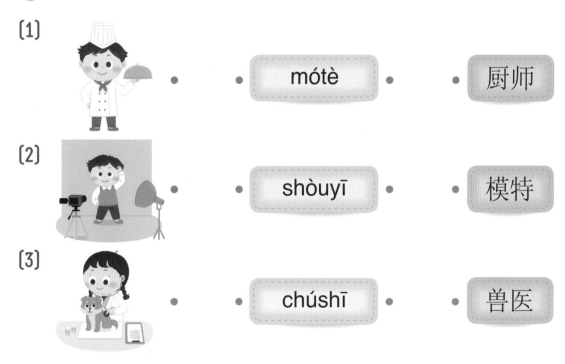

3 녹음을 잘 듣고 빈칸에 들어갈 한어병음을 써 보세요.

(1)

_____ shī | lǜ _____ | _____

(2)

yào _____ | _____ shī _____

(3)

_____ jiā | kēxué _____ | _____

4 그림과 일치하는 한어병음과 한자를 연결해 보세요.

(1)

· · mótè · · 厨师

(2)

· · shòuyī · · 模特

(3)

· · chúshī · · 兽医

39

5 그림에 알맞은 낱말을 표에서 찾아 동그라미 하고, 한자를 따라 써 보세요.

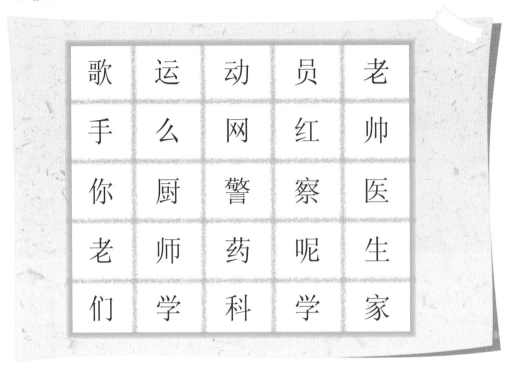

歌	运	动	员	老
手	么	网	红	帅
你	厨	警	察	医
老	师	药	呢	生
们	学	科	学	家

[1]

老师

[2]

歌手

[3]

网红

[4]

医生

6 다음 문장을 큰 소리로 따라 읽으며 한자와 한어병음을 써 보세요.

(1)

我 想 当 医 生 。 你 呢 ？

Wǒ xiǎng dāng yīshēng. Nǐ ne?

(2)

我 想 当 歌 手 。

Wǒ xiǎng dāng gēshǒu.

(3)

我 想 当 网 红 。

Wǒ xiǎng dāng wǎnghóng.

7 한자를 바르게 써 보세요.

마땅 당 dāng

當　當　当　当

종합평가 ③

O1 그림에 알맞은 한어병음을 찾아 보세요. (　　)

① règǒu ② nǎichá

③ bīngqílín ④ màozi

⑤ sānmíngzhì

O2 그림에 알맞은 단어를 찾아 보세요. (　　)

① kēxuéjiā – 科学家

② shòuyī – 兽医

③ yǎnyuán – 演员

④ wǎnghóng – 网红

⑤ yùndòngyuán – 运动员

O3 그림을 보고 중국어와 뜻이 바르게 짝지어지지 않은 것을 찾아 보세요. (　　)

① 眼睛 – 눈 ② 肚子 – 코

③ 耳朵 – 귀 ④ 膝盖 – 무릎

⑤ 肩膀 – 어깨

O4 그림을 보고 공통으로 들어갈 알맞은 단어를 찾아 보세요. (　　)

① tī – 踢

② huá – 滑

③ qí – 骑

④ dǎ – 打

⑤ tiào – 跳

lánqiú
篮球

bàngqiú
棒球

05 그림의 상황에서 다락이가 할 수 있는 말을 찾아 보세요. ( )

① Wǒ xiǎng dāng mótè.

② Wǒ xiǎng dāng lǎoshī.

③ Wǒ xiǎng dāng lǜshī.

④ Wǒ xiǎng dāng jǐngchá.

⑤ Wǒ xiǎng dāng yīshēng.

06 그림의 상황에서 다락이가 할 수 있는 말을 찾아 보세요. ( )

① Wǒ yě xiǎng hē nǎichá.

② Wǒ dùzi hěn téng.

③ Wǒmen xiǎng chī bīngqílín.

④ Wǒ xiǎng dāng jǐngchá.

⑤ Wǒmen xiǎng mǎi kùzi.

Nǐmen xiǎng chī shénme?

07 그림의 상황에서 팡팡이가 할 수 있는 말로 알맞은 것을 찾아 보세요.

( )

① Wǒ bú tài huì. – 我不太会。

② Wǒ yá hěn téng. – 我牙很疼。

③ Wǒ huì. – 我会。

④ Wǒ tóu hěn téng. – 我头很疼。

⑤ Wǒ bú huì. – 我不会。

Nǐ huì yóuyǒng ma?
你会游泳吗?

08 대화에서 빈칸에 공통으로 들어갈 알맞은 단어를 찾아 보세요. ( )

① huì – 会
② téng – 疼
③ xiǎng – 想
④ yě – 也
⑤ dāng – 当

Wǒ tóu hěn ____.
我头很____。

Wǒ yá hěn ____.
我牙很____。

09 그림을 보고 보기에서 단어를 순서대로 골라 알맞은 문장을 만들어 보세요. ( )

ⓐ 歌手　ⓑ 我　ⓒ 当　ⓓ 想　ⓔ 你呢

① ⓐ–ⓑ–ⓔ–ⓒ–ⓓ
② ⓒ–ⓔ–ⓑ–ⓐ–ⓓ
③ ⓓ–ⓑ–ⓒ–ⓐ–ⓔ
④ ⓔ–ⓑ–ⓒ–ⓓ–ⓐ
⑤ ⓑ–ⓓ–ⓒ–ⓐ–ⓔ

我想当警察。

10 그림이 나타내는 한자와 소리가 바르게 짝지어진 것을 찾아 보세요. ( )

① 買 – 매　② 當 – 당
③ 疼 – 동　④ 會 – 회
⑤ 賣 – 매

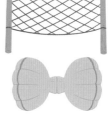

종합평가 ④

01 그림에 알맞은 한어병음을 찾아 보세요. ( )

① gēshǒu   ② yǎnyuán

③ shòuyī   ④ jǐngchá

⑤ mótè

02 그림에 알맞은 한어병음을 찾아 보세요. ( )

① zìxíngchē   ② tiàoshéng

③ yǔmáoqiú   ④ huábīng

⑤ pīngpāngqiú

03 그림에 알맞은 단어를 찾아 보세요. ( )

① règǒu － 热狗   ② kùzi － 裤子

③ mòjìng － 墨镜   ④ màozi － 帽子

⑤ guǒzhī － 果汁

04 그림에 알맞은 단어를 차례대로 찾아 보세요. ( )

① tiàoshéng － huábīng

② huáxuě － huábīng

③ yóuyǒng － tiàoshéng

④ huáxuě － yóuyǒng

⑤ huábīng － huáxuě

05 그림의 상황에서 소을이가 할 수 있는 말을 찾아 보세요. ( )

① Míngtiān tiānqì zěnmeyàng?
　－ 明天天气怎么样?

② Nǐ xiǎng chī shénme?
　－ 你想吃什么?

③ Nǐ zěnme le? － 你怎么了?

④ Nǐ xiǎng mǎi shénme?
　－ 你想买什么?

⑤ Nǐ huì yóuyǒng ma? － 你会游泳吗?

Wǒ tóu hěn téng.
我头很疼。

06 그림을 보고 공통으로 들어갈 알맞은 단어를 찾아 보세요. ( )

① shī － 师
② jiā － 家
③ yī － 医
④ tè － 特
⑤ yuán － 员

lǎo 老　　lù 律　　yào 药

07 그림의 상황에서 미송이가 할 수 있는 말로 알맞은 것을 찾아 보세요.

( )

Wǒ xiǎng dāng gēshǒu. 　　?
我想当歌手。 　　?

① shénme － 什么
② zěnme le － 怎么了
③ zěnmeyàng － 怎么样
④ ma － 吗
⑤ Nǐ ne － 你呢

Wǒ xiǎng dāng jǐngchá.
我想当警察。

08 대화에서 빈칸에 공통으로 들어갈 알맞은 단어를 찾아 보세요. (　　)

① huì – 会
② jiā – 家
③ dāng – 当
④ yě – 也
⑤ jǐ – 几

Nǐ ＿＿ tiàoshéng ma?
你＿＿跳绳吗?

Wǒ ＿＿.
我＿＿。

09 그림을 보고 보기에서 단어를 순서대로 골라 알맞은 문장을 만들어 보세요.
(　　)

ⓐ 喝　　ⓑ 我　　ⓒ 奶茶　　ⓓ 想　　ⓔ 也

① ⓐ－ⓔ－ⓒ－ⓑ－ⓓ
② ⓑ－ⓔ－ⓓ－ⓐ－ⓒ
③ ⓓ－ⓒ－ⓐ－ⓔ－ⓑ
④ ⓔ－ⓑ－ⓓ－ⓐ－ⓒ
⑤ ⓒ－ⓑ－ⓓ－ⓐ－ⓔ

Wǒ xiǎng hē nǎichá.
我想喝奶茶。

10 그림이 나타내는 한자와 소리가 바르게 짝지어진 것을 찾아 보세요.
(　　)

① 會 – 회　　② 當 – 당
③ 疼 – 동　　④ 買 – 매
⑤ 想 – 상

MEMO